Bianca Maité Cueva

EL ÚLTIMO MOVIMIENTO /
MITOLOGÍA DE UNA MUJER

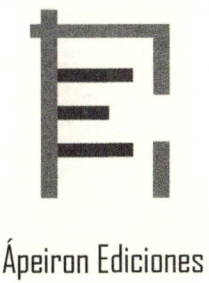

Ápeiron Ediciones

Bianca Maité Cueva

El último movimiento /
Mitología de una mujer

2025

1.ª edición, 2025

C/ Príncipe de Vergara, n.º 132, planta 9
28002 Madrid
Tfno. (+34) 611 00 28 41
E-mail: info@apeironediciones.com
http://www.apeironediciones.com/

Diseño y maquetación: Ápeiron Ediciones
Imagen de portada: Ludolf Backhuysen, *Cristo en la tormenta
del Mar de Galilea*

Papel procedente de fuentes responsables

ISBN: 979-13-990486-0-5
Depósito legal: M-11992-2025

ÍNDICE

Podría ser, esta vez demando paz. Es un juego de dualidades, truquear conceptos, odiar un gesto de amor y escapar hacia una mejor vida. Una en la que no hay una voz que demanda más ni una inmensa soledad observándome al pie de la cama cada noche. Digo gracias, pero tengo que aceptar el pasado y agarrarlo con ternura antes de prenderlo fuego.

Es la última vez que pido paz, por eso dejaré que todo se consuma y termine de la manera que empezó: una mujer que era un diamante en bruto.

I.

EL INICIO DE LA ILÍADA

"Dulcemente, sin voz,
como un pájaro que cayó por tierra,
mi sangre espera tu invasión.
Sin arma, sin escudo,
mi soledad se enciende en el crisol,
y aguarda."

Susana Thénon, *La morada imposible*

Al pasar

Repetir las noches
de la misma manera:
vigilar la gata,
no dejar el horno prendido
y los hombres fuera de mi casa.

Al pasar por una calle
veo a alguien escuálido.
Un pecho abierto, una blasfemia.

Al pasar, un fantasma intrépido
me acompaña en arquitecturas mágicas,
en la gravedad de lo que tendría que ser.

Al pasar los días,
ya no le temo a la distancia.

continuidad

dicha sea la circunstancia
en la que pasó todo esto:
llegó con una enfermedad roja,
terminó en un latido.
estaba en el medio de una teatralización
de inexistentes maridos y clases de pilates
pero en el movimiento de la aguja
encontré un escalofrío honesto.

dos hijos,
una hija.

espectro

un peso que cae vertiginoso
en una superficie poco confiable.
una ventisca mece las horas
y llevan el suspiro de trémulas tempestades.

dan lugar para que el caballero con la armadura de agua
haga de su imperio este departamento.

y pongan blancos los nervios
que le dan vida a esta soledad.

espectador

rompimiento, respuesta,
recóndito
es el placer que hay en la territorialidad
de los huesos.
hueco es el comienzo y da vuelta lo que se supone
que debe terminar.
un ojo extranjero en la ventana
predica guerra
pero es sólo un canto.

Piel de lobo

¿Y dónde puede estar?
Fuente abundante de palpitaciones tibias
que entrelaza la sed desproporcionada
de un animal que no conoce el confort.

Despojo a mordidas la carne.

Cultivo en mi vientre un ártico cíclico,
despojado de juicios y falsos anocheceres,
le doy una rendición a mi naturaleza
para hacerte entrar
en mi refugio de ilusiones.

La primera droga

Fácil decir que dejé caer
la guillotina de repente.

La rendición es ofrecer el brazo
en la última noche gélida
y dejar que broten cascadas.

Apelo a la transmutación:
sin visiones del futuro,
sin violentas afirmaciones.

del polvo venimos

en el momento que tu espíritu sea
un susurro fantasioso
y el rubor de tus mejillas
un augurio de inocencia, ahí reside
lo que estabas anhelando.

hay otro despertar,
pero no busques salvación en este:
tu espejo se derrite desilusionado,
una historia
en la entrega.
sufres por una dicotomía entre la ternura
y la desaparición.

Oráculo

La habitación es oscura, las ventanas son amplias pero las cortinas son blancas y raídas. En verano entra luz pero en invierno se asemeja a una tumba, hay rastros de que fue habitada pero ya no más: el rosario colgado en el respaldar de la cama, una suculenta marchita en la mesa de luz, un cenicero a medio llenar, hierbas creciendo en el hueco despedazado y el gato veteado de un ojo, que transita y estabiliza su calma cuando la tormenta es apocalíptica, con truenos y todo.

Entra alguien a la escena y suspira: sabía que iba a terminar de esa manera.

La templanza

En el frío desvanecimiento
revive el fuego ahogado,
el ángel masacrado.

Te quiero atenta, tranquila ante las tempestades.

Huye de cada hombre que no es capaz de mirarte directo a
[los ojos
y rechaza cualquier alimento que no necesites para sobrevivir.
Deja que las iglesias se derritan como llama eterna
y que todos los suicidas se cuelguen en una secuencia orgánica.

Observa, como todo arde a su debido tiempo.

Lo que no se mata con pastillas

La desesperación es una víscera más, regulando un calor que
no puede ser provocado.
Sé que en la intimidad juega histérica,
revolviendo entre años de abuso y memorias de baldíos
[florecientes.

Un golpe esporádico que me llama "Madre" y me glorifica en
[las peores noches.

Sé que tengo que vivir con esta cría eterna que nunca deja el
[nido.

Para Medea:

Búho taxidermizado, violetas crecen
en nombre de una manifestación armoniosa.

Hago de tu nombre una santa defensa
cuando aparece el que pretende ser moneda dorada,
una rama quemada.
Qué me importa el aullido lastimero,
qué me importa si el negro de la seda
cae en manos del pretendiente más escandaloso.

Gracias a tu historia sé
que el hambriento más lúcido
rechaza con náuseas
a la fruta madura.

El colgado*

Da lo mismo
que renuncie a mi ojo izquierdo
o al derecho,
son mis propias manos que me atan y me entregan
a la brisa de la montaña.

Veo
que se acerca un cambio tierno,
a una mariposa se le caen las alas por el desamor,
una zorra duerme eterna después de parir a sus cachorros
y una mujer se seca las lágrimas para perseguir la luna llena.

Ya no lo puedo ver más.
Es hora de revisar cada una de mis entrañas
y cuestionar el libro de mandamientos que se encierra
por vergüenza
en un rincón polvoriento.

Permaneceré el tiempo necesario,
incluso si no existe
dicho tiempo.

*Arcano número 12 del tarot, hace referencia al cambio de perspectiva, suspensión, entrega y sacrificios. Suele estar relacionado con el mito de Odín y el sacrificio de Jesús.

La compasión es de color lila

"Still got some good nights memorized
And the look back's gettin' me right"
—Frank Ocean; "Nights"

Sé que estás en busca de noches memorables
y de apariencias sin etiquetas,
una rabia que se apaga, termina en crescendo
y un castigo de parte tuya
se traduce en silencio.

Hilaste mi esperanza en una vacación opulenta,
ahora sé de aviones que están apunto de estrellarse
y tratos incomprendidos,
gritos histéricos que solo se me ocurren
en el vértice de otro cambio.

Hubiese sido el nombre de nuestra hija,
la pared pintada de un departamento compartido,
un envoltorio de chocolates,
la protección tuya y las nubes, piensa por favor
en los atardeceres siguientes a este.

Una, dos, tres flores escondidas
y no existe el camino a esa tierra.

Perséfone

"Del griego antiguo: La que lleva la muerte"

Quizás fue la culpa
lo que te impulsó más lejos,
con el estómago cruzado por la flecha negra
que todas las madres
esconden ansiosas.

Hay ríos que quisieras que se extiendan
hasta el fin del mundo,
hay un descanso primaveral que de cerca es una pesadilla.

Y sucede.
Explota una obsesión,
regando de impureza el marfil
de una ventana virgen.

Entrelaza tu fuente de vida
con lo que no debe ser nombrado
y serás mediadora de tu herencia.

La última cena

Hago el esfuerzo de ignorar
lo que se quiebra con solo una mirada,
de ser indiferente ante el trozo antinatural
de rúcula y que mi antebrazo
no caiga como extremidad,
famélico espantapájaro sobre la mesa.

Me genera repulsión el queso azul
y la idea que después de esta noche,
de hablarme de tus familia,
tu viaje a Italia
haya una respuesta
a las raíces que abrigan el orgullo
que niegas sin esfuerzo:
una mujer sin sangre
pintará de morado tu voluntad.

Falta una respuesta

¿Alguien notó la grieta en el techo?
un trueno antipático que hizo de su presencia
una realidad temida, una de miles.

Clavo la mirada y te pienso,
con una mano en mi cintura
y la tripa que se despedaza sola
en una batalla sin tregua.

Hay una grieta en el techo.

Siempre estuvo,
pero Dios sabe cuándo fue la última vez
que caí de rodillas con el rostro empapado,
extrañando una palabra que vuelva
al blanco de mis ilusiones.

II.

ENFRENTANDO LA ROMPIENTE

"I am not afraid of storms, for I am learning how to sail my ship"

Louisa May Alcott, *Little Women*

Neblina

Jadeos inmortales chocan con la realidad
que demandé asustada.

Le pedí al universo varios cambios.

Cangrejos amenazan con arrastrarme entera al pozo de la
                                            [indignidad.
Y los dejo.

Decí lo que quieras

El ojo turco
y un trémulo hilo
se hace pedazos en un envase.

4:24 am,
una organicidad impresentable de púrpura
en mi mirada.

Decí lo que quieras,
cuando quieras.
Estoy revisando mi trabajo de manera casual
con la redundante esperanza
de que llegue una señal tuya
y quiebres de mi rabia un tronco seco.

Fin de semana en casa

Inicio: La mujer de veinte años cierra la puerta. Abre una ventana y arroja con desgano absoluto sus pertenencias en la habitación. Quita de su camino todo lo que no le trae satisfacción ni urgencia. Ropa, carpetas de trabajo y lista de quehaceres para sentarse y fumarse un cigarrillo mentolado.

Conflicto: Reflexiona en lo que pudo haber sido de su vida si se hubiese casado con aquella bestia. Si es muy tarde para llamarlo de la nada y confesar para aliviar el resentimiento que se instala en su hígado. Mejor no, tal vez sería mejor salir a la calle para buscar otro flaco alto con amabilidad disparatada. En la mitad del cigarrillo controla si tiene su número de teléfono.

Desenlace: No lo llama. Pero fuma otro cigarrillo y cuando termina ordena la habitación para tener las manos ocupadas y trabaja y paga las boletas y sigue encerrada, callada. Se rinde. Cierra la ventana. Junta sus pertenencias para salir otra vez.

As de copas

No soy una extraña
en estas tierras y no soy
la sirena hurgando,
la gota que existe dentro del suero
y que vive en alguna parte.

Te ofrezco mi mano,
llevo la copa
con la esperanza de que la levantes.

No te olvides que sostengo todo
con una profusa emocionalidad
en este mundo.

Hay un ángel

Después de
haber llorado mis fracasos,
años de tensionar el arco
sin piedad:
respiro.

Suelta la flecha para caer
al pie de una lápida.

Un café sin terminar

No hay rastros del pasado,
ni de las cicatrices de las manos
o de que alguna vez existió en el diccionario
adolescencia, adrenalina, apatía, alcohol, aspirinas.

Fracciona en una cafetería minimalista de Europa
cifras que la sacan del daño, no olvida la lista nebulosa
que la ahorca en un estratagema desde hace décadas.
Escribir a mamá, leer el guión, enviar polaroids,
cepillar la mascota y decirle al marido que saque la basura.

Suspira, escribe y habla por teléfono
en su pulcro traje gris ceniza.

Intercambiar noches de cigarrillos y trabajos mal pagos
por una buena vida es peligroso. Ya no hay más amigas larvas
pero falsas millonarias que la invitan a catas de vinos,
una dieta de Ozempic y veganismo.
Ya no existe una familia.

Paga la cuenta, deja el café sin terminar
y toma un taxi.

La casa de mi mamá

No escuché la pregunta.

Ah, sí.
¿Qué se siente irte de tu casa?
No era mi casa, nunca lo fue.

Recuerdo la culpa de lo evasivo.

Mi casa era un vino tinto abierto,
una televisión prendida
(volumen en una configuración estresante),
un departamento tamaño lata de sardinas, vista a la playa
y sahumerios de lavanda.
Eran vestidos que nunca volveré a usar
y zapatos que me llevaré a escondidas
para una ocasión especial.

Nunca fue mi casa,
me limité a existir dentro de las fronteras.

Un cuerpo en solicitud

Abandoné santos en la hora dorada,
corrí hacia la espuma del mar
para hacer de mí un espectro.
Respondí ante nombres falsos,
inundé museos y palacios.

De todos los cuerpos el mío es el más bello,
las cicatrices no perduran y cesan la existencia
con el sol en mi piel, es bello porque no es puro
ni raquítico, ni gordo. Atraviesa
y toma lo que ama.

Nunca nadie pensó que era capaz de
abandonar también el escenario.

Casa de los espejos

Como un niño desalmado te ven perderte
en la casa de los espejos.
Una silueta no tan alta ni tan blanca te observa cuando
estás con el juego maquiavélico de engañar a todos los reflejos
para ser el vencedor del corazón latiente.

Aunque alguna vez pisaron el suelo que recorres.

De reojo hay un movimiento cuidadoso, en la esquina lo que
                              [estás viendo no es el tono
exacto de tu cabello,
pero es el mismo componente genético. Más rubio,
más largo.

Una vuelta en falso y tal vez la veas.

Hit and run

"I died on the altar waiting for the proof
You sacrificed us to the gods of your bluest days
And I'm just getting color back into my face
I'm just mad as hell cause I loved this place."
—Taylor Swift; So Long, London

Las horas fantasiosas
son un martirio desolado,
una mujer
que realmente no entiende la transformación
de la noche hacia la mañana.

Explicar la manera que tus nudillos se aferran al escape y al
[volante.
Adrenalina de alquimista que solo se alzaba
entre el roce dual de la violencia desmedida
y el desierto vacilante.

No podrás arrancarte el corazón con una caricia.

Diez meses, diez años y el cuerpo del cervatillo confundido
[permanece
en el baúl de tu auto, ciego y paralizado. Respirando y
[merodeando
en tu memoria con la esperanza de volver a la carretera.

O que lo entierres con tus propias manos para no olvidar el
[toque
de un hombre con una misión.

Nervio retorcido

Si las luces apuntan hacia la verdad
costaría creer que tus manos se aferran firmes
al cadáver de tu risa que retumba
entre las paredes, la mesa de clonazepam.
Prometiste no cambiar aunque
la marea sea brava, espeluznante
y necia.

Ambos con impecable *black tier*
y alguien podría olvidar quién te espera dormida
en una habitación dorada.
Tu complejo de Midas haciendo de cualquiera
una baratija,
la que lleva tu hijo mientras se encuentra obstruida de pastillas.

Repetición

Existe la garantía de que las esperanzas están pulidas para ser
[usadas.
Creo que estás considerando la opción de caramelizar otro
[despertar.

No podrías nunca ser parte.

Veintisiete besos en tus brazos
aunque no puedo recordar uno que fuese en la caída del sol.
Y nadie te bajaría la mirada por estar sosteniendo en tu piel
la rabia de una mujer ofendida.
Yo, que en la santidad me ahogo en tempestades,
no te dejaría ser parte.

El fracaso de Aquiles persigue
y es a nosotros
lo que nos corona por las noches.

I only smoke because my friends

Tártaro, tartar o tardanza de transferencia madura.
Gladiadores empáticos que primero implementa la caricia y
[la carencia,
tal vez atacan.
Vuelta inconclusa a la nébula destituida, un cigarrillo
[mentolado y media molotov.
Lo lamento, pero me voy.

Por cobarde,
por ser hija de mi padre.
Estar enterrada es la otra cara de estar presa.

Y así habló Hebe

Resulta ser sencilla y discreta
la verdadera razón por la que no
me corto el cabello.

Un terremoto abstracto,
fragmentos de miel y madera
antigua desparramados
hasta mucho más abajo
de mis hombros.

Es fácil amar su torpeza.

Siempre dejo que mi mamá le haga trenzas
o me ayude con los rulos infinitos,
que traspase sus dedos y diga nostálgica
que está más rubio por el sol,
es hermoso y por eso no debo tocarlo.
También es lo primero que ve mi padrastro de mí,
más allá del no parecido con la mujer
que ama y el lamento de que nunca podría
ser su hija.

No hay persona que no se pueda callar
de mi pelo. La destreza de su caer,
el acceso fácil que tienen los hombres
para aferrarse o jugar distraídos.

Y por eso soy amada.

Intento vivir y ser valiente

Un cervatillo duerme en el bosque,
le voy a nombrar Apolo porque es bueno
y tiene una vida por delante.
Es ley de la naturaleza
que lo hermoso tenga nombre,
para ser señalado y admirado.

No sabe mirar hacia adelante.
Lleva su responsabilidad de ser un cervatillo
en su cuerpo suave, con sus manchas,
sus ojos ciegos y su llanto que resuena entre árboles
cuando hay tormentas o un depredador cerca.

Apolo sabe que hay alguien que lo ama del otro lado
de lo que parece ser una carretera, con una base fría y rasposa,
camina y va hacia adelante.
Se desploma contundente como una pluma
en medio del infierno cuando un auto rojo lo choca.

El conductor baja, apenado lo acuna entre sus brazos y lo deja
                                        [en el mismo árbol
donde se encontraba durmiendo al principio de este poema.

Apolo es el sol, por ende, se despierta.

Cénit y Nadir

¿Por qué debería aceptar
lo que veo?
Una estrella es exactamente igual
a un corrosivo satélite por la noche.

¿Por qué debería aceptar
el hecho que los tigres rugen y comen carne
y son salvajes sin consecuencias, sin castigo?
¿Y que los delfines se escapan? ¿Y yo no?

Es ahí donde entra un desconocido
y me enseña el mundo con su telescopio.
Eso es un museo, no es una ruina.
Lo que resiste en la tierra no es tan débil como parece.

Ahí está la estrella que marca el norte,
desde ahí uno se obliga a aprender
y mirar adelante.

hiedra creciente

Te fuiste acostumbrando,
los aviones despegan de noche ahora
y en las casas familiares habitan fantasmas.
Nadie te protege cuando la porcelana
estalla contra el piso
y necesitas ayuda arreglando las ventanas
para que no entre el viento.
Estás en la costa.

Estás en la costa y es julio,
lleno de alergias y te acostumbraste
a llevar pañuelos, bálsamo labial
y cada auto rojo en el atardecer es un deja vú.

Te asentaste en salas decrépitas sin calefaccionar
y nadie te recuerda al dejado Stanislavski. Nadie
cree que podés cambiar, entonces
no cambias.

Te dejaste la sensibilidad
en el estante del galpón
y yo no estoy para subirme al banco de plástico,
limpiar las telarañas y rescatarla,
darle un poco de agua
para que vuelva a nacer.

Tragedia griega (parte II)

Antígona levanta el martillo.
En vez de golpear el clavo que resalta en el cajón, expectante,
lo hace en la frente áspera de su padre.

Antígona tira el martillo a su lado y se propone en seguir hacia
delante.
Persigue ilusiones, arreglar autos en Madrid. Tomar un café
con edulcorante y leer a Roethke cada mañana, en una barra
de desayuno frente a la ventana porque ya pagó sus deudas y
sólo quiere la compañía del sol.

Las mujeres que llevan vidas violentas son las que mueren rá-
pido, forzando un minuto de paz.

Un estudio sobre la fe

Afuera llueve y me escondo en una iglesia. No es cualquier iglesia, es la que está cerca de mi departamento pero no puedo volver porque volver es un acto de desconfianza, de arrepentimiento, de nostalgia y aferro. Volver es para las personas que sienten culpa y yo no siento culpa. ¿Qué es lo que sintió la esposa de Teseo cuando la trató como un animal? ¿Helena cuando le ajustaron las sogas? Me encuentro sentada en el banco barnizado de una iglesia. Miro a los muertos.

No quiero ningún milagro ni la paz mundial: sino que seas capaz de sostenerme mientras lloro por los hijos que no puedo tener y que las iglesias exploten dejando de nosotros un resto de moraleja impregnada en la humanidad.

Cubierta en besos

No puedo dormir sabiendo que soy amada.
He aquí una epifanía y la caída
de todos mis triunfos: Para matarme
lo vas a lograr con besos.

Un rito de enredaderas secas
y claveles que apelan a la locura
se encierran entre huesos y carne.

No soy el tipo de mujer que esconde
su sensibilidad, la llevo aferrada al igual que un arma.

Es así que los que saben profanan mis horas de sueño
y las ventanas chillan desprevenidas cuando huyo.
Pero hubo una noche que hubiese deseado haber dormido,
un extranjero me tenía en sus brazos
y era yo
la que me sentía extraña.

Prefiero que me cubran con besos, necesito que alguien
atribuya honor a mi favor.

Swan Dive

Cegada por el sol, analizo dónde podría caer.

Ya no seré el animal incierto, aún así comparo la competencia

Repite conmigo:
> *es un escalofrío inefable*
> *procurar hundirse*
> *en el mismo mar*

Ícaro, te lo ruego.
Por favor, reza conmigo.

> *¿Y cuándo termina*
> *ese susodicho rezo?*

Nunca. Un Dios podría arrodillarse
y encontrarnos hundidos.
Pero el trabajo no termina.

Una moneda de cobre

¿Qué puedo comprar con una moneda de cobre?
Un eclipse, un dedo de una estatua,
¿una cruz? O un primogénito que tenga mi coraje.
Un perro negro, enorme que duerma en mi vientre
y sea la cura de esta maldición de no ser la madre de nadie.

¿Qué me gustaría comprar
con dicha moneda de cobre?
Un marido, un millón de libros, una vida tranquila.
Tal vez,
una máquina para olvidar.

Pero escribo porque soy pobre
y nunca, nunca
he soñado menos
que una moneda de cobre.

III.

REFLEJOS

"...things get broken, and sometimes they get repaired, and in most cases, you realize that no matter what gets damaged, life rearranges itself to compensate for your loss, sometimes wonderfully."

Hanya Yanagihara, *A Little Life*

Alicia en el país de las maravillas

Volverás.
Frágil, discutiendo
para luego escaparte por las noches.

Volverás en razón porque te veo,
espiando vidas ajenas.
Tu incredulidad se prende fuego
como las hornallas en la hora de la cena
y alguien vuelca aceite de manera desmesurada,
como si supieran que los estás viendo
y quieren presumir.

Realizada encuentras un logro
en lo vacío,
juzgando una voz robótica
y un aroma de especias
que no se va.

Un dilema

Si un león pudiese hablar, diría:
¡Estoy harto de los eclipses
y el paso del tiempo!
Y si un hombre pudiese responder con certeza, se plantearía
a su lado, haciendo de la desgracia una brisa estrafalaria, y
contestaría:
*"Tu tarea es difícil, porque perseguir la nobleza que existe más
allá del propio corazón es traicionar la naturaleza que viene de
adentro. No tienes porqué aferrar los dientes a la carne madura.
Tu llamado es sentarte junto al lago, con tus hijos y sus hijos."*

Si un león puede correr, correría lejos.
¿Y si pudiese desear ese león, que corre y está asustado?
Desearía no haber arrancado rápido
la bondad del hombre, haberla masticado e inhalado el sudor
meloso que lo llevó al degüelle instantáneo. Ahora es una pre-
sa más en su estómago.

Hablemos de diferencias

Es un acuerdo mutuo,
yo corro disparada a buscar
las manzanas doradas
y te alejas con la delicadeza
de un hombre que sabe mucho
y dice poco.

Así es como los hombres
ganan la guerra: pacientes, apacibles
y coronados después de
haber masticado y tragado
la carne del distraído y del idiota.

Así es como yo
pierdo la voluntad de amar:
jugando a ser tonta,
esperando un quiebre
pero llegando a destiempo,
con años de diferencia
y escondiendo bajo la alfombra vieja
el final del mito exagerado.

opius intuere solem

"He's more myself than I am. Whatever our souls are made of,
his and mine are the same."
—**Emily Brönte**, *Cumbres Borrascosas*

Vacilar es sólo un verbo que rompe
con lo establecido, un trabajo improvisado.
Mientras, no me queda otra opción que
ajustar el bisturí y buscar en lo profundo.

Vacilar es un acto bíblico,
inconveniente y causa perfecta
para actuar en pos del pecado,
Sentí que alcanzaba a tocar una risa incrédula,
la busqué con más fuerza.
Ignoro las hojas otoñales y los nervios y los huesos
y el órgano faltante.

Vacilar es lo contrario a una acción necesaria,
me ofusco en silencio y después pido disculpas.
A tu lado, me acomodo en la hierba seca
y las flores compradas recientemente,
envidio tu visión y entiendo.
Después de tanto labor,
entiendo.

Es verano

Pero hay un escalofrío desgarrador y me callo abruptamente.
Estás en otro lado.
Repito: soy un mártir o una persona que cree que puede cambiar.
No puedo cambiar, pero puedo crecer.

La verdadera pena está iluminada hoy porque entré a un ro-
sedal y había enredaderas y un camino y una pareja y una
chiquilla que posa para las fotos de su comunión en un vestido
blanco y sé que los dos hubiésemos pensado inmediatamente
en mí, en un vestido blanco.

¿En dónde te puedo encontrar si no estás en el inicio o en el
final?

Turno noche

Retraída de todo sentido común,
dibujo un límite con la inocencia;
la peor pesadilla que puede tener
una mujer como yo
es ser una estrella a punto de colapsar.

Elijo estar en el turno noche,
entre lobos, ancianos
y extranjeros que no son como yo
predicando un fin, apenas político
que cruza la demencia.

Elijo como si me importara,
no me asustan los animales salvajes,
pero sí la carnicería.

Macbeth no sabe del silencio

Tensiono la mandíbula sin darle una segunda vuelta. Te digo
[que necesito paz.
No tendría que manifestarse de esta manera, troceando partes
[ya vistas
de lo que era pero no encuentro las diferencias entre la indivi
[dualidad y el reflejo.

Es una rebelión pretenciosa, esconderme para leer Chéjov y
[escribir sobre personas
que todavía no perdono bajo el sol insufrible del Parque
[Retiro.
No creo que pueda descifrar la paz.

Si te digo que pertenezco a la raza del perro arrepentido y
el drogadicto enamorado, ¿tendrías una respuesta?

No sé nada de esa palabra,
la que describe el fracaso de tu ausencia y me deja
gritando en rincones inhóspitos, rogando una vez más
por una personificación merecedora.

Una pintura silenciosa

Hoy ví un pájaro muerto en la puerta de mi edificio, plumas
amarillas.
Estaba aplastado,
fue cruel presenciar ese acto.

Si la pena tuviese un cuerpo sería el mío, mirando con el ceño
                                                    [fruncido
y los hombros redondeados como si en realidad estuviese
                                                    [pensando
un misterio que nadie puede resolver, tal vez sea la cura para
                                                    [el cáncer,
tal vez sea la razón por la que siempre hay un día en el que
                                                    [salgo
y tropiezo con un lindo pájaro muerto,
en su defecto una paloma.

Ese es el museo de mis troqueladas ilusiones,
un símbolo de la libertad fracturada, un dolor crónico
en la cadera izquierda y en el corazón.
Abajo, en la bóveda
escondí apresurada el perdón y plegarias robadas.

Stanislavski

*"The more I see of men,
the more I like dogs."*
Clara Bow

mastico como un hueso el futuro próximo:
lidiar con la soledad inconcebible
apartada en mi propia casa,
dormir y esperar no perder
ningún diente,
esperar ser reclamada para ser
amada.

sé que en medio de una discusión
no tengo que decir: un perro
no me abandonaría,
no ahorca, no me deja ir
a cualquier lado desprotegida
y no me deja durmiendo
con frío aunque haya pasado
el invierno.

Un retrato del Che

El daño es una excusa
y no existe en la tierra otro ser
que sea más despreciable que yo.
Por desertora, traidora y violadora
de la primera ley:
no se olvida.

Sobreviví a las fundaciones de
un terreno que grita muerte,
hornos industriales de un próximo difunto.

Deberían tirarte abajo,
retratos
y todo.

Estoy condenada de por vida,
apadrino al hambriento en tu nombre
y le grito a mi madre.

Debería
adorarte por esos valores
pero lo encuentro ácido.
Esa es la diferencia del original.

Sunset park

No quiero ser espectadora de mi vida,
avoco mi desilusión en un libro escrito
por un hombre que ahora está muerto,
ese que trata de espacios y
desgracias entrelazadas
hasta que percibo el horror
de la melancolía.

Un mini schnauzer cualquiera
sal y pimienta, collar rojo que se sienta
con fidelidad heredada cerca de un señor
demasiado mayor y cansado.

La repetición hace lo grandioso.

Praga

Te ví huir hacia tus errores,
una parada que te cree justo,
en la par de los hombres que revivieron
pero se quedaron atascados en la tranquilidad
de tener una esposa y tres hijos.

Podrás ver sus casas, entrar y cuestionar
en lo inútil, en la fecha exacta
en la que empieza la monotonía.

Una vez prometiste noches en Praga.

Te ví huir cuando me dejaste estrangulada,
con el patrimonio de la ruptura
y todo lo que conlleva.

Este poema se lo pueden mostrar a mi papá

Tendrás lastimosamente prolongadas
noches de putas golpeadas,
la película quemada de una mano diestra
y tu tardía adolescencia en los años noventa.

Dejalo pasar.

Es mejor encender otro cigarrillo
y heredarme tus sueños frustrados:
llegar a vivir el día en el que tus nietos
te reconozcan al mirar una foto,
armar una banda de rock
y ver morir a tu padre.

Polilla negra

Dudo si es una señal
de un cambio,
referirme al traspaso
de la euforia al vacío
y llamarle desesperanza.

Volveré a confiar cuando el tiempo pida una caña
en la barra
y me haga reír
o recitar a Walt Withman,
tal vez ahí surja el verano más brillante
o la transgresión más agria.

Prometeo

Tu sensibilidad es más grande
que cualquier Dios.

Me cuentas historias
de un bautismo de flores,
funciones de teatro
y el karma de ser mujer
y bella
en un mundo tan pero tan cruel.

Dejas rastros de rouge
en lo que está vivo
y eterno.

Podría
hablarte de mi día y de mi ingenuidad,
pero realmente necesito que
relates un pasado tierno y ajeno
y que seas vulnerable.

Necesito creer en un Dios
en el que me pueda convertir.

Noches de poker

Duele mentir, pero voy a seguir.

Soy fiel a la estrategia que conozco,
porque no soy capaz de confiar
en el cambio.

Voy a igualar siempre la
apuesta. Estás en el otro extremo
de la cama y las fichas
ya no tienen una dirección unilateral.

Sé que me estás observando
y juego con la carta de la víctima.
Está en la mesa
la devastadora posibilidad
de que te quiebres conmigo.

Almuerzo tardío

¿Cómo es posible
digerir la culpa?
Después de verte cocinando;
verano con la estufa
a punto de explotar y
verte salteando vegetales, mezclando,
agregando inmensas cantidades
de salsa de soja porque los dos
odiamos todo lo que sea insípido.

Se te hace tarde.
Me besas y te escucho salir
con un sutil portazo,
a pesar de conocerte creo
que te quiero.

Me quedo en la mesa,
sé que tardo en levantar
y lavar el rastro de un buen recuerdo.

El tiempo entre rutinas

Quiero irme.

Es un desplazamiento sutil
y un poco empolvado
de viejas esperanzas,
odio la falta de control,
odio el segundo que pasa
y el dolor que viene
con lo bello.

Despertar por la tarde a tu lado,
discutir, comer juntos, quejarnos
y terminar el día volviendo a dormir.

Las Meninas

Había una conversación que quería tener
nauseabunda y francesa,
nunca supiste hablar de arte,
yo nunca fui lo suficientemente cruel.

Supongo que no te queda nada.
Observa desde lejos
y tendrás un recuerdo,
te acercas
y será una segunda adolescencia.

No es un acertijo

Una vez quise hablar de Bukowski,
sólo supe decir que una vez
él escribió sobre vivir en muchas ciudades.

Diamante en bruto

Ser una maldición repetitiva y trágica
al colapsar en llantos y recuperar la fuerza
para quebrarla en piezas,
saber de memoria
hasta el último sermón,
no termina hasta que yo encuentre
la trampa falsa, la pieza que falta.

Me hablas de la misma manera
en que me hablaba mi padre.
Veo la fe, ambos me tocan la rodilla
y de repente no soy una mujer
sino un mito:
una acción.
un acto de salvación propia.

closing line in a roundabout

El primer nacimiento, la propuesta
de un primer verbo prodigio.
Caminé muchas veces
por las mismas calles
y jamás pude ver
las otras estrellas.

Para ver más referencias,
inclínate en tu balcón francés,
verás un personaje secundario de Shakespeare,
un exiliado español
y tal vez una mujer de traje y sombrero blanco.

Espero que hayas entendido la violencia
porque una mujer decidió huir y antes
te respondió en un círculo
cada secreto.

Respuesta a Quirón

Se acabó la ilusión,
ellos contaron los soldados muertos y la bandera
sigue un poco rota: piensa en neutralidad.

Había un sendero y perdido
encontré trazos de una historia:
una lira, un par de manos frías,
estaba Afrodita hablando de dicha guerra
pero no me importa.

No puedo hacer que me importe.
                              Corto la armadura.
                              No te espero.
                              Vuelvo a las cenizas.

Plano barroco

O un monólogo sobre la asertividad del traumatizado: eso te puedo decir bien. Qué friolenta se vuelve la sala al presenciar esta obra, que no fue una, me dicen que fueron varias.

Una mujer con un frasco de pastillas, un francés (por una cuestión de ética, me repugnan los franceses) y un manco que no para de ver cada cinco minutos la puerta. Basta de ver la puerta.

Basta de tocarme, de susurrarme, de hablarme mientras habitamos en esta performance. No pude ser capaz de ver a ningún actor, había luces. Había todo menos teatro.

No ensayé para esto. En fin, si no estoy ocupada cuidando a la loca empastillada me fijo en las manos pálidas en las entradas y salidas, ¿qué quieren?

Me dice que está triste porque escuchó que alguien se iba a hundir, yo respondo:

Deja que se hunda.

Qué hartazgo esta vida, ¡por favor!

Aprendí mucho en esta tarde pero…

¿Será que el manco dudó al escribir

que no huye

el que se retira?

Este libro se publicó
en el mes de junio
del año 2025